Roberto Alborghetti

O SOCIAL DIS-SOCIAL?

misura il tuo modo di stare [bene] nella rete

guida per UNDER 14
[e non solo]

fantasy
le edizioni del divertimento

UN SOCIAL PER AMICO

Una guida sicura per un uso consapevole delle tecnologie

Voi "nativi digitali", che avete il mondo a portata di click e siete sempre connessi grazie agli smartphone di ultima generazione, fatene buon uso.

Prima di tutto, non vi dimenticate che connettervi deve significare pensare.

E dunque, prima di postare, domandatevi: che cosa voglio veramente dire?

Che fine faranno le immagini e i contenuti che condividerò?

Chi potrà accedere ai miei dati, magari sfruttandoli impropriamente?

Scoprite il piacere e l'importanza di saperne di più, perché solo così acquisirete quella sicurezza e autonomia di chi sa quello che sta facendo e conosce le conseguenze a cui va incontro.

È la consapevolezza che vi rende davvero nativi o, meglio, cittadini digitali. Il web vi consente di arrivare ovunque, ma è facile perdersi e incappare in situazioni pericolose e irrimediabili per la vostra reputazione. In questo labirinto, magico e affascinante, del Web è importante distinguere le notizie buone da quelle cattive, cosa è opportuno fare o non fare per tutelare se stessi da incontri poco affidabili, situazioni compromettenti o comunque pericolosi.

E allora "misurate la vostra temperatura" e capite se, come e quanto siete ***social***, quanto vi sentite in grado di riconoscere le opportunità e i rischi della Rete; se, tuttavia, vi sentite ancora ***dis-social***, non scoraggiatevi, questa guida vi darà qualche dritta per "prendere in mano il tempo della vostra vita" e riflettere sulle vostre abitudini di fronte a tutti gli schermi.

Prof. MARIO MORCELLINI

Commissario dell'Autorità per le garanzie nelle comunicazioni (Agcom)

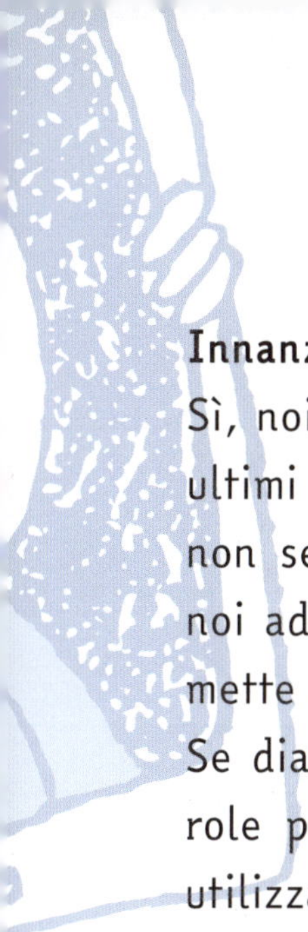

SCUSATE
se stiamo rovinando l'web

Innanzitutto, care ragazze e cari ragazzi, vi chiediamo scusa.
Sì, noi adulti vi dobbiamo delle scuse per come purtroppo, in questi ultimi dieci-quindici anni, abbiamo trasformato la Rete in un luogo non sempre accogliente e frequentabile. E per come, spesse volte, noi adulti dimostriamo di sprecare le enormi possibilità che l'web ci mette a disposizione per migliorare la vita di tutti e di ognuno.
Se diamo uno sguardo ai social network, c'è da rimanere senza parole per il modo con cui i "grandi" (in tutti i sensi del termine) utilizzano la Rete. E dunque potreste davvero dire: ecco da dove arrivano i primi esempi di bullismo... Vero. Si posta, si condivide, si commenta solo perché è data e concessa la possibilità. Non si verifica e non ci si interroga "se è il caso di farlo". L'importante è dare libero sfogo all'istinto, all'aggressività, alla maldicenza. In questo clima hanno gioco facile le bufale, le fake news, le notizie false e inesistenti, che a loro volta innescano reazioni incontrollabili in chi le legge, con l'uso di parole che diventano armi affilate contro gli altri.

Siamo soprattutto noi adulti a fare i troll, gli **hater**, gli *hacker* e i **selfiesti**: ci auto-riprendiamo in tutte le posizioni, occasioni e manifestazioni, anche in quelle che richiedono un minimo di serietà e compostezza. E che dire delle famigerate "catene" che facciamo circolare tra le varie messaggerie? Per non parlare delle **chat** - come quelle dei "gruppi scuola" - utilizzate dai genitori non per comunicazioni di servizio, ma per dare addosso a docenti, ai dirigenti, agli stessi allievi, all'intera scuola. Tutto questo, e altro ancora, è chiamato "**mobile incivility**": e al primo posto degli **incivili digitali** troviamo persone adulte: il 71% ha tra i 35 e i 50 anni come ha rivelato una ricerca (Fonte: *Found*!).Sì, stiamo rendendo la Rete un luogo insopportabile: un mondo dove gli adulti sembrano aver smarrito la misura del buon senso e il buon senso della misura. Fanno perciò pensare le parole di **Tim Berners** Lee, il "padre fondatore" di Internet. L'aveva creato come uno strumento che "avrebbe cambiato, in meglio, il volto del mondo". Invece - ha detto in una intervista - "l'web ha rovinato l'umanità invece che servirla, come avrebbe dovuto fare, e l'ha rovinata sotto molti aspetti. È arrivato a produrre un fenomeno su larga scala che è anti umano". Attraverso le pagine di questo libro ci chiederemo se si può essere "social" per davvero. Ci faremo domande, tante domande, su noi e su questo affascinante mondo della tecnologia, che non vogliamo "anti umano" - come appunto dice il fondatore di Internet - ma al servizio dei nostri sogni, della nostra libertà di persone, del bene comune e del nostro ben-essere. **r.a.**

01

LA PRIMA COSA DA FARE
se vuoi stare al gioco

Se hai scelto questo libro e se stai già leggendo queste righe, vuol dire che hai già accettato una sfida: quella di scoprire e conoscere alcune cose nuove che, forse, potranno sorprenderti o magari farti venire qualche dubbio. Ti potrà dunque sembrare un po' strano il primo suggerimento che ti viene sottoposto.
Ma sappi che anche questo fa parte del **gioco** di avere deciso di leggere queste pagine.

Dunque, mettiti **comodo** e stammi ad ascoltare...
Prima cosa da fare, se non l'hai ancora fatta, è di **spegnere** il cellulare e di allontanarlo dalla tua vista. Sì, proprio così. L'hai solo reso silenzioso mettendo la suoneria in **off**? No, non vale.
Devi invece prendere il tuo smartphone e portarlo in un **altro luogo** della tua casa, dove se ne starà bravo e buono, lontano dai tuoi occhi, almeno fino al termine di questo primo capitolo.

Fatto? Molto bene. Ora ti spiego perchè questo consiglio andava messo in pratica. Lo sapevi che il fatto di tenere vicino a te lo smartphone, anche se muto, mentre studi o svolgi una qualsiasi altra attività di "impegno intellettuale", **abbassa** la capacità di concentrazione e di apprendimento?

Il telefonino non ci leva il disturbo, anzi!

Il telefonino disturba la cosiddetta **capacità cognitiva** solo per la sua presenza nel nostro raggio di azione. Il fatto di sapere che il cell è lì, sul tavolo, va ad interferire con lo stato di tranquillità e di concentrazione che è richiesto mentre si studia o si è impegnati in una operazione di lavoro.

Questo fenomeno è stato al centro di studi scientifici, come quelli condotti dall'**Università di Austin**, nel Texas (Stati Uniti). Il professor Adrian Ward e i suoi collaboratori hanno eseguito dei test con l'obiettivo di verificare se un soggetto riesce a completare le attività previste avendo uno smartphone vicino a sé. Ebbene, i ricercatori hanno scoperto che i partecipanti che avevano allontanato il telefonino in un altro luogo avevano superato brillantemente, nei risultati, coloro che invece avevano lavorato con il telefono *vicino a sé*.

Sotto sotto, anche tu pensi che effettivamente la presenza di un cell potrebbe pregiudicare il risultato di un impegno, anche se magari ritieni di essere **attento e concentrato**. Forse anche tu stesso hai sperimentato quanto il telefonino possa essere una presenza che disturba, soprattutto quando fai i compiti.

Non è indispensabile avere sempre vicino il cell

I ricercatori americani hanno dimostrato che avere il telefonino in bella vista, facilmente raggiungibile, **riduce la capacità** di concentrazione. E per un preciso motivo: una parte del cervello viene resa più debole - dice il prof. Ward - perché appunto **lavora** per **evitare** di prendere in mano o usare il cellulare.

Dunque, adesso, mi potrai dire che ho fatto bene a suggerirti di "staccare" per qualche attimo il cellulare dalla tua vista.
Se sei riuscito ad arrivare in fondo a questo primo capitolo senza problemi di concentrazione, è davvero un gran bel risultato! Non sei stato colpito dalle distrazioni, che non mancano quando tieni vicino lo smartphone.
C'è da tenerlo presente, soprattutto quando è il momento di eseguire i compiti scolastici.

Prova davvero a pensare che non è **indispensabile** avere sempre il **cell** vicino a te quando devi affrontare gli impegni di studio, a casa.
È il primo passo per imparare ad usare e gestire bene la tecnologia, che non deve mai essere un **peso** od un elemento di **disturbo**. Ma una bella ed importante opportunità per stare insieme e imparare cose nuove.

REGOLA:

1. ~~QUAN~~ PER EVITARE DI COMPROMETTERE LA CAPACITÀ COGNITIVA, STUDIARE SENZA IL CELLULARE OPPURE SPEGNERLO

Scheda n. 1

MISURA LA TUA TEMPERATURA:

SOCIAL O DIS-SOCIAL?

Riesci a fare a meno del tuo cell quando studi?
Riesci a "staccarlo" dalla tua vista e a farne a meno mentre sei impegnato nei compiti a casa?
Ti sei magari già reso conto che la presenza del telefonino può distrarti mentre sei impegnato sui libri?

Scegli il tuo voto da 1 a 10.
Se scegli uno dei numeri più bassi - nella zona dei colori freddi, da 1 a 5 - vuol dire che sei capace di "staccarti" senza difficoltà dal tuo smartphone.
Se scegli uno dei voti più alti - nella zona rossa dei colori caldi - con ciò segnali la tua difficoltà nel lasciare da parte il cell quando studi. Ma ti vuoi impegnare, già a partire da oggi stesso, e metterci uno sforzo in più.

1	2	3	4	5	6	7	8	9	10

I NUMERI (SBALORDITIVI)
della Grande Ragnatela Mondiale

Internet e i dispositivi tecnologici che ci permettono di comunicare, chattare, scambiarci informazioni, fare ricerche scolastiche, ascoltare l'ultimo rap di Sfera Ebbasta o di sorridere nel vedere i più recenti video degli Youtuber, sono davvero una grande opportunità. Mai nessuno sul Pianeta Terra, prima di noi e prima del Terzo Millennio, aveva potuto usufruire di una simile e straordinaria possibilità. Abbiamo il mondo a **portata di mano**, con un semplice click.

Ti chiamano *nativo digitale* o **millennial** e non hai la percezione dei cambiamenti avvenuti nella società mondiale negli ultimi trent'anni. Sei magari nato negli stessi anni in cui stavano creando **Facebook** (2004), **Youtube** (2005), **Twitter** (2006), **WhatsApp** (2009, acquisita da Facebook nel 2014), **Instagram** (2010, poi acquistata sempre da Facebook) o **Snapchat** (2011/2012).
Sì, non molto tempo fa, puoi ben dirlo.

Ti sei trovato già immerso ed avvolto, in modo naturale, tra i fili della grande tela della tecnologia. Poco prima che tu nascessi, c'era stata una vera e propria **rivoluzione**.
Pensa solo a questi numeri: nel **1996** i computer collegati tra di

loro attraverso i siti web erano "**solo**" **10** milioni.
Tre anni dopo, nel **1999**, erano già diventati **200** milioni.

"Andare su Internet" in ogni dove

E che dire degli *smartphone*, arrivati sul mercato nel **2007**?
I telefonini multimediali di nuova generazione - **smart**, in inglese, significa **intelligente**: ovviamente il termine è riferito all'aspetto tecnologico, non al modo in cui vengono usati... - consentirono di "**andare su Internet**" in ogni dove e in ogni istante.
Pensate, nel **2009** gli utenti connessi nel mondo avevano già raggiunto quota **1** miliardo.
Due anni dopo, nel **2011**, erano diventati **2** miliardi.

E oggi? In quanti siamo connessi sul Pianeta? In quanti "vanno" sui social? Che quantità di email si inviano ogni giorno? Quanti siti web sono attivi nella Grande Rete? Per capire cosa è diventata la **Ragnatela** occorre conoscerla nei numeri, nella quantità di chi "*va*" sulla Rete, anche se poi questo verbo - "andare" - fa sorridere, perché ormai si "sta" sull'web, costantemente e continuamente, a **tempo illimitato**, a tariffe **all inclusive**. Lo provano i numeri (sbalorditivi) che corrono e scorrono in continuazione sulla pagina di un sito web - **http://www.internetlivestats.com/** - dove è possibile seguire in **diretta** lo spettacolo del mondo che è in Rete.

Prova a digitarne l'indirizzo. In pochissimi secondi sarai trascinato dentro un impressionante **flusso** di dati. Vedi? I contatori girano in continuazione, a volte in modo talmente veloce che l'occhio non riesce nemmeno a catturare le singole cifre.

Tieni presente che i numeri sono riferiti a tutto il Pianeta, compresa quella metà del globo che - per effetto del movimento rotatorio della Terra - è nella **fase notturna**, non essendo esposta alla luce del sole.

In diretta lo straordinario show del web

Certo, provi meraviglia nello scoprire che, in *un pomeriggio qualsiasi di un giorno qualsiasi, quasi 4 miliardi* di persone nel mondo erano (e sono) connesse ad Internet. E rimani a bocca aperta di fronte a questi altri numeri, aggiornati all'ultima frazione di secondo, in tempo reale: circa **1 miliardo e 950 milioni** i siti Internet attivi e funzionanti. Oltre 195 miliardi le email inviate.
Circa **4 miliardi e 250 milioni** le ricerche su Google.
Ben **4 milioni** e passa i blog postati.
Oltre **505 milioni** i tweets inviati in Rete.

E i video già visti quel giorno su YouTube?
4 miliardi e 651 milioni circa! E le foto caricate su Instagram? **53 milioni e 419 mila**. Per non parlare degli utenti collegati a Facebook (oltre **2 miliardi e 280 milioni**), de-

gli utenti attivi su Google+ (**624 milioni** circa), su Twitter (**337 milioni** e **253 mila**) e su Skype (**203 milioni** e **577 mila** le video-chiamate effettuate) e dei siti attaccati dagli hackers (oltre **74 mila!**).

Sempre in tutto il mondo e sempre in quel giorno **qualsiasi** - ma i numeri, grosso modo, non cambierebbero se tu ti collegassi anche in questo istante a *Internet Live Stats* - erano stati venduti **510 mila** computer, **3 milioni** di smartphone e **332 mila** tablet.

E che dire del dato sulle emissioni inquinanti di CO2 - l'ossido di carbonio - diffuse sul Pianeta per fare funzionare la Grande Macchina Web? In quel pomeriggio, erano già oltre **2 milioni** e **260 mila** tonnellate: pensate che ogni giorno, in Italia, ne vengono emesse **1 milione e mezzo** complessivamente.
La Rete consuma e inquina. Eccome se inquina! Secondo l'Agenzia francese per l'ambiente (Adema) l'invio di otto email diffonde CO2 come un'auto che percorre 1 chilometro!

I dati di cui sopra erano relativi ad un giornata qualsiasi.
Ma si ripetono, né più e né meno, ogni giorno.
Verifica tu stesso. Anche adesso.

MISURA LA TUA TEMPERATURA:

SOCIAL O DIS-SOCIAL?

Conosci qualche dato sulla diffusione di Internet nel mondo?
Ti piace stare al corrente di notizie che riguardano i fenomeni collegati alla Grande Ragnatela del web?
Perché i giovanissimi sono chiamati "nativi digitali"?

Scegli qui sotto il tuo punteggio da 1 a 10.
Se scegli tra i numeri più bassi (1-5, colori freddi) vuol dire che ti piace conoscere ed interessarti in modo attivo su ciò che "gira" nel mondo di Internet.
Se ti dai uno dei numeri più alti (5-10, colori caldi) significa che sì, stai connesso, ma senza la voglia di scoprire e sapere di più su ciò che si muove nella Grande Rete.
Ti basta usarla e basta.

1	2	3	4	5	6	7	8	9	10

03

LA RETE
il grande business sui nostri click

I numeri (impressionanti) che hai appena letto ti fanno capire come la Rete sia un fenomeno cresciuto a dismisura. L'avanzata e lo sviluppo del web - proprio in considerazione delle cifre che abbiamo visto - hanno di fatto trasformato Internet e la Rete in un grande, grandissimo, affare economico, finanziario e commerciale.
Questo non va mai dimenticato.

Sì, è un vero e proprio **business**, che si basa sugli strumenti - smartphone sempre più evoluti, tablet sempre più raffinati, dispositivi wi-fi sempre più potenti, computer sempre più veloci - e sui contenuti, con programmi, app, piattaforme e servizi che trascinano la nostra giornata nel vortice delle connessioni, facendoci rimbalzare speditamente da un approdo all'altro lungo le rotte della **navigazione virtuale**.

Qualcuno in America (Fonte: *McKinsey & Company*) ha voluto studiare la capacità di Internet di **fare e produrre ricchezza**. Nel 2015 il reddito prodotto dal cosiddetto "*Internet of Things*" - ossia tutto ciò che si muove e ruota dentro ed attorno al web - è stato di 655 miliardi di dollari. Una stima dice che arriverà alla quota di 11 mila miliardi di dollari entro il 2025 (il dato corrisponderebbe all'11%

dell'intera economia mondiale). Ma c'è chi (Fonte: *Cisco*) prevede che il risultato sarà invece molto più alto: 19 trilioni di dollari, già nel 2020 quando - udite! udite! - i dispositivi connessi sul pianeta saranno tra i **20** e i **30 miliardi**.

I tre colossi che dominano il mercato online

Sì, è un vorticoso giro di denaro, che certamente non ti immagini mentre **smanetti** con le **chat** o alla consolle della play station. Intanto, tre colossi dominano il mercato dell'online mondiale. Google (proprietaria di YouTube) raccoglie l'81 per cento di tutte le pubblicità del globo legate ai motori di ricerca. Facebook (proprietaria di Instagram e Whatsapp) si piglia il 77 per cento del traffico dei social network: la crisi seguita allo scandalo dell'utilizzo dei dati degli utenti ha comunque causato difficoltà. Amazon vende circa il 70 per cento di tutti gli e-book e il 51 per cento di tutte le vendite online dei prodotti più disparati.

Insomma, tre "sorelle" detengono, nel campo della comunicazione tecnologica, un grande potere. Insieme ad altre società del settore, si danno da fare per spingere sempre più in alto il **consumo** della Rete, per aumentare i guadagni.
Perché - altra cosa da non dimenticare mai - il **tempo** che noi diamo alla navigazione in Internet si traduce sempre in soldi, misurati

e quantificati proprio in base alla nostra permanenza in Rete. Google, Facebook, Twitter e i social incassano, per la pubblicità, miliardi di dollari, inondando milioni di profili con annunci pubblicitari e banner con i "consigli per gli acquisti".

Ma è proprio vero che i social sono gratis?

Certo, potrai replicare dicendo che quando fai una ricerca su Google **non paghi** neppure un centesimo di euro. E che i tuoi genitori *non hanno sborsato* nulla per avere il proprio profilo su Facebook. E, ancora, che Amazon offre servizi a prezzi scontati.

Tutto vero. Però ti dimentichi un fatto: i social network lavorano soprattutto per puntare il proprio sguardo su un bersaglio ben preciso: su di noi utenti dell'web.

Infatti, agiscono con l'obiettivo di raccogliere informazioni personali. Lo fanno mentre noi "stiamo" su Internet per fare ricerche, navigare da una pagina all'altra, fare acquisti, condividere contenuti, vedere un film, mettere un commento ad un post, ridacchiare per le clip degli Youtuber. Attenzione: spesso lo fanno mentre noi siamo all'oscuro di tutto. È il commercio dei nostri dati e della nostra presenza in Rete.

Spiati anche da bambolotti, pupazzi e smart tv

Forse avrai sentito parlare anche dei rischi dei **giocattoli e dei giochi**

tecnologici: bambole, pupazzi, mini robot e tv "smart" che, connessi ad Internet, permettono di controllare gli utenti, piccoli o grandi che siano. Ha dell'incredibile ciò che è accaduto con i bambolotti di una casa produttrice internazionale: sono finiti sotto inchiesta perché raccoglievano informazioni sensibili sui bambini e sulle loro famiglie (i dati erano poi salvati e gestiti da una società d'affari).
Sì, spiati attraverso il gioco.

Dunque, ogni tuo click su un video, ogni pagina che apri, ogni "I like" che metti, sono free, gratuiti, solo in apparenza.
Per molti sono una fonte di guadagno.
Lo sanno bene gli **Youtuber**, che si beccano soldi in base alla quantità di visualizzazioni dei loro video, sempre accompagnati da pubblicità. Lo sanno bene gli **influencer** che, attraverso i loro siti e blog, ricevono anche denari ogni qualvolta parlano, scrivono e decantano i prodotti di un'azienda.

Dovremmo saperlo pure noi. Sempre di più.

Scheda n.3

MISURA LA TUA TEMPERATURA:

SOCIAL O DIS-SOCIAL?

Non ti sei mai chiesto chi ci guadagna nel grande business dell'web? Hai mai considerato l'idea che i video degli Youtuber non sono offerti "gratis" così come sembrerebbe?
Sei al corrente del fatto che la navigazione in Rete ci espone con i nostri dati personali sensibili?

Scegli qui sotto il voto che ti vuoi dare, da 1 a 10.
I numeri più bassi (da 1 a 5, colori freddi) indicano la tua capacità di conoscere in modo attivo le informazioni che riguardano il grande mercato di Internet. I numeri più alti (da 5 a 10, colori caldi) indicano che, alla fin fine, non ti interessa molto sapere che c'è gente che fa affari d'oro con la tua navigazione in Rete.

1	2	3	4	5	6	7	8	9	10

ALGORITMO = PROCEDIMENTO MATEMATICO
MARKETING = MERCATO INTERNAZIONALE

04

LA RETE HA ESTREMO BISOGNO DI UNA cosa preziosa: il nostro tempo

Sì, spesso ci dimentichiamo che la navigazione in Rete ci espone alla possibilità di offrire **dati sensibili** utili a comporre un profilo che fa gola alle società che gestiscono il commercio tecnologico. O, peggio, come ha dimostrato lo scandalo di *Cambridge Analytica* collegata a Facebook, essere "analizzati" illegalmente.

È il potere (o strapotere, a seconda dei punti di vista) dell'algoritmo, attraverso il quale noi utenti del web forniamo involontariamente e gratuitamente i nostri dati a chi gestisce il mercato (marketing) della Rete. I quali, a loro volta, ce li restituiscono sotto varie forme di pubblicità e di "suggerimenti" vari.

Ti starai chiedendo: ma che cosa è sto' **algoritmo** di cui tanto si parla? Il termine è collegato alla matematica e significa "procedimento di calcolo".
Pensa che il primo algoritmo rintracciato nella storia dell'umanità è riportato in un **papiro egiziano** scritto attorno all'anno 1650 a.C.! Riguardava una modalità per effettuare una moltiplicazione.
L'algoritmo ha una storia antica ed è stato applicato

in diverse formule da matematici importanti. Nel mondo dell'**informatica** - la scienza che studia tutto ciò che riguarda le "macchine pensanti", ossia i computers - è definito "algoritmo" quella serie di istruzioni che occorre eseguire per raggiungere un determinato risultato o trovare la soluzione ad uno specifico problema.

l'algoritmo ci "legge" ad una velocità impressionante

Ad esempio, attraverso l'applicazione di un algoritmo ad un sito web possono essere individuati *argomenti*, **post**, fotografie, **video** e notizie che riscuotono l'interesse e la partecipazione del pubblico. Ma non solo. Sempre attraverso un lavoro di analisi del flusso degli utenti l'algoritmo arriva a fornire dati e caratteristiche di chi è online. Tutto è svolto in modo automatico e i nostri dati sono registrati e letti ad una velocità impressionante, che sfugge all'occhio ed al cervello umani.

È attraverso questo sistema di controllo che Google, ad esempio, ti offre una serie di risultati non su ciò che effettivamente c'è nello smisurato negozio di Internet, ma sulla base di ciò che Google **ritiene** tu stia cercando. E ti fa vedere annunci e finestre di pubblicità in linea con le tue più recenti ricerche o visite ai siti web. E, oplà, il gioco della trappola è fatto.

Certo, è un bel problema. È come se fossimo finiti in un labirinto in cui - ricordate "Alice nel Paese delle Meraviglie"? - siamo inseguiti a passo svelto e non riusciamo a trovare una via d'uscita. È un labirinto, tra l'altro, tenuto sotto controllo da "qualcuno" che ti vuole condurre dove lui ha deciso di condurti.

Ma alla rete fa più comodo chi è "dis-social"?

Come puoi ben capire, sorgono questioni e domande che riguardano appunto la nostra **libertà di scelta** e la nostra scelta in libertà. Oggi, chi **conosce** le masse, ossia la gente, detiene il potere. E oggi si conoscono le persone semplicemente raccogliendo notizie sui loro *hobby*, sui loro **viaggi**, sui **libri** che hanno letto, sui loro *acquisti*, sui **programmi tv** preferiti o acquistati, sulle reazioni lasciate su un **post**, sulle **playlist** dei video e dei brani musicali e così via. Per fare questo la Rete ha estremo bisogno di una cosa preziosa, che non ha prezzo: **il nostro tempo**. Ha urgente necessità di "vederci" *sempre più online*. Anche e soprattutto per le cose più inutili, stupide ed odiose.

Anche e soprattutto per dare libero sfogo all'aggressività dei commenti provocati - guarda caso! - dalle bufale, dalle *fake news* e dal popolo dei *troll* e degli *hater*.

Domanda: ma alla Rete fa comodo che noi siamo più **dis-social** che **social**?

MISURA LA TUA TEMPERATURA:

SOCIAL O DIS-SOCIAL?

Non ti sei mai domandato perché spesso ricevi sul tuo smartphone messaggi pubblicitari in base al luogo in cui ti trovi? Hai mai considerato il fatto che, dopo avere visto il video del tuo Youtuber preferito, te ne vengono proposti altri in continuazione e in modo insistente?

Scegli qui sotto il voto che ti vuoi dare, da 1 a 10. I numeri più bassi (da 1 a 5, colori freddi) indicano la tua capacità di reagire e valutare i messaggi pubblicitari ricevuti in Rete. Se scegli i numeri più alti (da 5 a 10, colori caldi) vuoi segnalare che non ti "disturba" più di tanto ricevere pubblicità e annunci in base al fatto che sei stato rilevato ed individuato in un determinato posto.

1	2	3	4	5	6	7	8	9	10

CHE BOTTA VEDERSI "RUBARE"
45 giorni da un anno della tua vita!

Stefano ha undici anni. Frequenta la prima media. È un ragazzo come tanti. Alza la mano e chiede la parola: accade in uno degli incontri che tengo nelle scuole in giro per l'Italia, proprio sui temi dell'**uso consapevole** della tecnologia. Racconta come lui vive il rapporto con il "suo" smartphone, che i genitori gli avevano regalato per "festeggiare" il suo ingresso nella scuola secondaria di primo grado.

Non è il suo primo telefonino. Ne aveva avuto già uno - "modello un po' vecchiotto...": sorride - quando aveva ricevuto la Prima Comunione. Dice che non ama definirsi proprio uno "**smombie**" - ossia, uno che sta troppo chino sul display, senza accorgersi di ciò che gli accade attorno - ma ritiene di far parte della categoria di chi, dopo le ore di scuola, "sta comunque sul cellulare, a **chattare**, giocare, **vedere videoclip**".

Con Stefano - e con i suoi compagni che ascoltano con grande attenzione - giochiamo a calcolare il tempo trascorso con lo smartphone tra le mani. In media lui sta sul cellulare circa 3 ore al giorno: una quantità di tempo ancora contenuta rispetto a certe statistiche nazionali, come vedremo. In totale fanno però 21 ore a settimana.

Salgono a **90** ore circa in un mese. E, in un anno, arrivano ad essere ben **1.095**. Il che vuol dire: **45 giorni** all'anno (su 365) trascorsi - ma è lo stesso Stefano a lasciarsi scappare il termine "**sprecati**" - in balìa del telefonino. È come se improvvisamente gli venissero sottratti **45 giorni** della sua vita. In un anno.
E ben **225 giorni** in 5 anni.

Certo che Stefano ci rimane **molto male** davanti a questi numeri! Una bella botta! Lo ammettono pure i suoi compagni di classe, i quali confidano che, più o meno, si rispecchiano nei dati. Fanno davvero pensare questi 45 giorni all'anno dedicati a "stare sul telefonino". E comincia il gioco delle domande: "Che cosa avremmo potuto fare in tutto questo tempo? Avremmo potuto **recuperare** in qualche materia? Avremmo potuto fare qualche attività sportiva? Avremmo potuto **stare di più** con gli amici, i nonni, i fratelli e le sorelle? Avremmo potuto... Avremmo potuto...".

I primi cyberbulli siamo noi con noi stessi

L'importante - lo dico a Stefano e anche te che stai leggendo - è **rendersene conto**. Ossia, avere la capacità di dirsi che va messo un po' di ordine (e di limiti) nelle ore trascorse (più o meno inutilmente) sugli schermi dei telefonini. Perfino i responsabili di **Google** hanno detto recentemente che "è sbagliato usare troppo lo smartphone". Perché si sta sulla Rete a... **perdere tempo**, a giocherellare e a **chattare**, da *chat*, che in inglese vuol dire "**chiacchiera**": prova a leggere sul dizionario il significato di questa parola, che non ha di per sé un valore positivo.

Se ci pensi bene, i primi a fare i **cyberbulli** siamo proprio noi con noi stessi. Ci facciamo male, ci **bullizziamo**, con le nostre stesse mani. A cominciare dalle ore (troppe) che passiamo online tra chat e videogiochi che spesso - lo riconosci? - non sono l'espressione massima dell'intelligenza umana. Se iniziamo a mancare di rispetto a noi stessi, ai nostri **tempi di vita**, al nostro ingegno, al nostro buon senso, sarà poi facile creare difficoltà anche nei rapporti con gli altri.

Dammi un "dito" e ti porterò nel mare dell'web...

Le più recenti statistiche segnalano come bambini di tre-quattro anni abbiano già tra le mani smartphones e tablets.

Tanti genitori non stanno a pensare - o a consultare un **pediatra**, il medico dei bambini - se sia il caso di affidare con estrema facilità a tanti piccoli un oggetto che con la girandola dei suoi **colori e suoni**, attrae inevitabilmente l'attenzione e gli occhi, più degli innocenti *sonaglini* e *carillons*. L'avrai visto anche tu quando sei per la strada, sui mezzi pubblici o al centro commerciale: ti passano davanti bambini che si trastullano sui dispositivi elettronici. "Così stanno **buoni**!", commentano i genitori, felici di non sentire stril-

li, lamenti e capricci. Si fregano pure le mani: "Però, comodissime queste **baby sitter** piatte e lucenti!
Ti consumano solo i giga...".

E loro, i finalmente tranquilli pargoli, si concentrano sugli schermi, sfiorati con le piccole dita, già pronti ad interpretare il senso della parola **digitale**, che deriva dal latino *digitus*, che vuol dire proprio dito, che è tutto ciò che serve per gestire la navigazione in Rete. Sì, dammi un dito e ti porterò dentro il mondo web...
Non stupiscono più certe statistiche sui **nativi digitali**. Ne ho la prova diretta quando nelle scuole, all'inizio di ogni incontro, chiedo di alzare la mano per segnalare se c'è qualcuno che ancora **non** possiede il telefonino. Sono (coraggiosamente) sempre più pochi. E che dire degli accessi alle chat da parte dei minori?
La cosiddetta **policy** (condizioni d'uso) di una chat, e le più recenti normative europee, come vedremo, fissano dei precisi **limiti di età** per poter essere iscritti ai servizi di messaggistica istantanea. Ma quanti lo sanno? E quanti li rispettano? Si chatta senza sapere - o fingendo di non sapere - che ci sono, ci sarebbero, delle **regole** da osservare, che servono ad evitare ai più giovani di cadere nelle "trappole" della Grande Ragnatela. Come, ad esempio, le chat collegate a videogiochi, magari *games innocui*, dove però si possono inserire *troll, hater* o sconosciuti, i cosiddetti "*groomer*", gli adescatori, intenzionati a "pescare" minorenni nel mare di Internet.

MISURA LA TUA TEMPERATURA:

SOCIAL O DIS-SOCIAL?

Non hai mai calcolato il tempo che mediamente trascorri ogni giorno su smartphone, tablet o play station? Anche tu sei tra coloro che, nell'arco di un anno (12 mesi), passano complessivamente anche fino a 2-3 mesi sul telefonino? Prova a verificarlo: è importante per poter gestire bene l'uso della tecnologia e la tua vita quotidiana.

Scegli qui sotto il voto che ti vuoi dare, da 1 a 10. I numeri più bassi (da 1 a 5, colori freddi) indicano che ti piace controllare il tempo che dedichi ogni giorno allo svago nella Rete. Se scegli i numeri più alti (da 5 a 10, colori caldi) segnali che generalmente ti piace stare online senza limiti di tempo.

1	2	3	4	5	6	7	8	9	10

06

STIAMO TROPPO TEMPO SUL CELL!": lo dice pure Tim Cook (Apple)

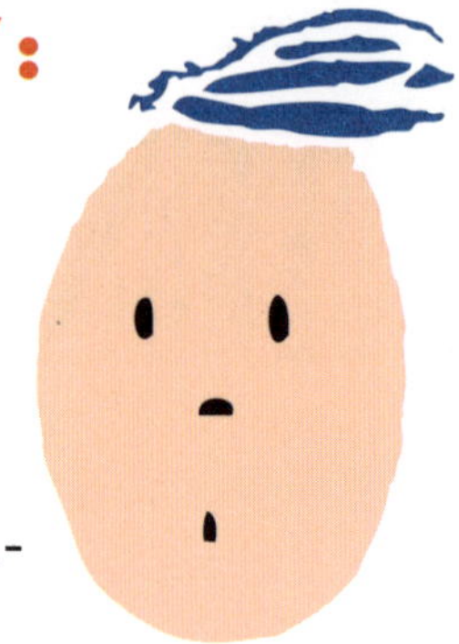

Correre ai ripari. Sembra essere questa la parola d'ordine dei manager delle grandi società che lavorano nella tecnologia digitale. Si stanno rendendo conto che qualcosa è **sfuggito di mano** nell'uso di Internet, social network e connessioni varie.
Sì, **troppa** gente passa e consuma **troppo** tempo su web e sugli smartphone, isolandosi dal resto del mondo.

È un comportamento che, a lungo andare, potrà **far male** anche alla tecnologia e alla stessa industria degli strumenti elettronici. Infatti, sempre meglio avere a che fare con un essere umano socievole, disponibile all'incontro, aperto e solare piuttosto che con un individuo che se ne sta a rigirarsi i pollici **scrollando** il display, rinchiuso nel suo mondo virtuale, disperso come in una oscura galassia, lontano da tutto e da tutti.

La **dipendenza da smartphone** rischia di non essere più gestibile? Ne sembra convinto anche il manager che guida una delle società più importanti nel mondo, quella che ha modellato l'esistenza di milioni di ragazzi nel segno delle tre "i" minuscole: iPhone, iPad, iPod.
Il grande capo di **Apple, Tim Cook**, l'ha detto in modo preciso du-

rante un evento pubblico (2018):
"Onestamente non abbiamo mai voluto che le persone **esagerassero** con l'utilizzo dei nostri prodotti... Penso sia ormai chiaro che alcuni di noi *spendono* **troppo tempo** sui nostri dispositivi. Abbiamo cercato di riflettere su come possiamo aiutarli... Vogliamo che le persone siano spinte dai loro telefoni a fare cose che non potrebbero fare altrimenti. Ma se passi tutto il tuo tempo sul telefono, vuol dire che stai spendendo troppo tempo...".

l'incapacità di resistere alle suonerie delle notifiche

Si cerca di correre ai ripari, appunto. La stessa Apple, nei suoi modelli più recenti, ha inserito la funzione ScreenTime proprio per limitare l'uso del telefono. Mentre Facebook e Instagram si sono affrettati ad annunciare l'introduzione di un paio di app che permettono di controllare il **tempo speso** nel postare foto, commenti, video e "faccine" e di gestire un promemoria giornaliero che avvisa quando è scaduto il tempo a nostra disposizione...

La preoccupazione c'è. Non riguarda solo gli Stati Uniti d'America. Anche in Italia, le ultime ricerche sul **modo** e sui **tempi** con cui i giovani "stanno" su Internet fotografano la quantità di ore passate sugli smartphone. Secondo i dati più recenti (Fonte: *Polizia di Sta-*

to, Università La Sapienza di Roma, Università Cattolica di Milano, Skuola.net, 2018) in media il **45%** degli studenti passa su Internet almeno **5-6 ore al giorno, con livelli** ancora più alti tra chi ha meno di 19 anni. Il che vuol dire: dai **76 ai 91 giorni** passati in Rete. **Ben 3 mesi** all'anno. Lo smartphone (o il tablet o pc) sono controllati in media - per vedere se ci sono notifiche - tra le **10 e le 20** volte **all'ora**: in pratica ogni **3 minuti**. Tutto ciò si chiama "**vamping**", ossia l'ansiosa incapacità di resistere alle suonerie delle notifiche.

Un intervistato su 5 dice di "sentirsi a disagio" se non c'è campo e manca la connessione. Uno su 3 ammette di provare panico quando rimane **a secco** di giga. Uno su 5 non ce la fa ad attendere il rinnovo del "pieno" mensile e si precipita ad acquistare ulteriore traffico.

Anche tu sei stato colpito dal "fomo"?

Altri dati. Per quale motivo si sta sull'web? Il **42%** per gestire il proprio **profilo** sui social. L'11% per "interrogare" i motori di ricerca. Il **10%** per giocare online o per svagarsi con le app.
Oltre il **60%** dei giovani posta sui social almeno un selfie a settimana. Il **14%** lo fa una volta al giorno e il **13%** anche più volte nell'arco delle 24 ore.

Si va sui **social** soprattutto con lo smartphone (**60%**) in modo rapido ed istantaneo: da qui il successo di Instagram (che i giovanissimi preferiscono a Facebook). Il 50 %, prima di postare un selfie, ne scatta almeno 4. E se la foto non riscuote abbastanza "I like", è subito cancellata (1 utente su 3). Cresce la voglia di stupire ed esibirsi in autoscatti ad alto rischio (il cosiddetto fenomeno del "**Daredevil selfie**"). Il 35% dichiara di averlo fatto almeno una volta, alla guida del motorino o al volante di un'auto. E nel 53% dei casi, quel selfie è finito sui social, o meglio sui **dis-social**.

Il comportamento di chi sta nell'web è ormai oggetto di studi. Le ricerche dicono che usiamo il telefonino in media **85 volte** nell'arco delle 24 ore, notte compresa, quando sarebbe meglio spegnere tutto e lasciare il cell fuori dalla camera. Il **91%** degli italiani ammette di non uscire di casa senza il telefonino. E il **46%** confessa "di non poterne fare a meno".

Sì, siamo sempre più dipendenti da un oggetto. Il fatto che facciamo fatica a riconoscerlo - non l'oggetto, ma la dipendenza - fa parte proprio dei sintomi che dicono: ci siamo dentro in pieno. Chi più, chi meno. E cresce sempre più quella che è definita "**fomo**" (*fear of missing out*). L'angoscia di perdersi qualche "storia" e qualche "momento" sui social. E dunque, ogni tanto, faremmo bene (e ci farebbe bene) mettere qualche distanza tra noi e questo amato-odiato cellulare.

Scheda n.6

MISURA LA TUA TEMPERATURA:

SOCIAL O DIS-SOCIAL?

Ti senti "dipendente" dal tuo smartphone? Sei in grado di resistere almeno per qualche minuto prima di precipitarti a guardare le ultimissime notifiche delle chat? Anche tu ti scatti selfie a raffica per poi postarli subito in rete? Anche tu provi l'angoscia tipica del "fomo" (leggi sopra)?

Scegli qui sotto il voto che ti vuoi dare, da 1 a 10.
I numeri più bassi (da 1 a 5, colori freddi) indicano che non hai difficoltà nel gestire il tuo smartphone e sai resistere benissimo ai trilli delle notifiche.
Se scegli i numeri più alti (da 5 a 10, colori caldi) stai dicendo che proprio non ce la fai: controlli lo smartphone in continuazione, sempre nel giro di pochi minuti, e non rinunci a vedere immediatamente l'ultimissima notifica.

1	2	3	4	5	6	7	8	9	10

SMARTPHONE, METTIAMOCI ALLA PROVA con mamma e papà...

Lo smartphone è diventato il nostro inseparabile compagno di vita e di viaggio. Te ne sarai accorto anche tu stesso. Quasi scontato dirti che in classe **non va usato e non va tenuto acceso**. Le normative italiane permettono comunque che tu lo possa portare a scuola. Poi, ogni istituto scolastico si è organizzato in modo diverso per gestire in classe i dispositivi inattivi. Potrebbe anche consentirne l'uso, a patto che sia per attività **strettamente didattiche**.

Certo, terminate le lezioni, non vedi l'ora di **riaccenderlo**. Eccoti di nuovo connesso, pronto a "chattare" con gli amici e con il gruppo scuola. Lo usi per fare ricerche, per navigare in Rete o per giocare.
Magari ti piace anche "postare" sui social network: ma per questo, come ben sai, e come vedremo, occorre *avere l'età*.

Certo, bellissimo e affascinante strumento. Pensa soltanto all'evoluzione della fotocamera incorporata, ai suoi scatti sempre più definiti e precisi. E dove mettiamo la qualità dell'audio, sempre più potente e compatta? Se poi ti "spari" in cuffia l'ultimo di Drake o di Ghali, sembra che ti si spappolino il cervello e lo stomaco insieme...

Nato e sviluppato come mezzo per parlare e comunicare a distanza, oggi il cell è diventato **tutt'altra cosa**. Le sue diverse modalità di uso e di impiego, inutile negarlo, hanno modificato le persone e le relazioni tra le persone. Spesso il tempo passato a scambiare messaggi via Whatsapp toglie spazio al gioco e all'incontro con gli amici. Sì, bello avere Internet, ma vedi di non lasciarti "inghiottire" da un piccolo strumento che va usato con intelligenza, sempre pensando che un telefonino non sostituisce mai la mamma, il papà, i fratellini, le sorelline, i nonni, gli zii, gli amici...

Lo dicono le statistiche: i genitori ne sanno poco

Tu e i tuoi amici avete una conoscenza maggiore nell'uso delle tecnologie rispetto a quella che ne hanno (avuta) i tuoi genitori. Non sarebbe quindi bello averli vicino quando inizi a percorrere le autostrade della Grande Ragnatela? Anche perché tutto ciò, per loro, può essere un motivo per imparare cose nuove, a loro volta.

Ma non solo. Avere i genitori al tuo fianco, quando "**stai su Internet**", può aiutare anche loro ad avere meno paura della Rete e a comprendere che oggi il mondo digitale è una realtà che **non si può eliminare** ed ignorare, solo perché sappiamo che nasconde **insidie** e può presentare **pericoli**. È bello fare capire a mamma e papà che proibire di avere un pc o un telefonino, non è la soluzione migliore.

Poi, dalla parte opposta, ci sono genitori che lasciano fare e non si preoccupano più di tanto. Anche perché magari sono loro stessi a passare ore sulle chat, senza prestare attenzione ai bambini, che invece vorrebbero giocare.
Giustamente i figli non sono contenti: sono tante le segnalazioni che ho raccolto al riguardo durante gli incontri nelle scuole di tutt'Italia. E molti si lamentano del fatto che anche sorelle e fratelli maggiori, per via del cellulare, fanno vita a sé e si disinteressano di sorelline e fratellini...

Che fare? Non stancarsi mai di chiedere un po' di attenzione, ai genitori e ai familiari. E non stancarsi mai di parlare con loro di tutte quelle realtà - come cyber-bullismo, messaggi offensivi, discorsi di odio, bufale, difesa dei propri dati personali e sensibili, pubblicazione illegale di foto - di cui la Rete oggi è al centro di polemiche, critiche e fatti di cronaca.

I genitori sono coloro che ti possono assistere nella navigazione nell'web, consigliarti in quali siti ormeggiare, quanto tempo dedicare al gioco online. Soprattutto, vanno messi subito al corrente se accade **qualcosa di strano** quando sei connesso nelle chat, via email, sui social. Ad esempio: se ti chiedono dati personali, notizie su dove abiti, informazioni sulla scuola frequentata, numeri di carte di credito. Mai rispondere, soprattutto se hai a che fare con gente **sconosciu-**

ta. Mamma e papà vanno subito **informati**. È la prima regola per una navigazione sicura.

La rete ci vuole veloci, ma pensiamo prima di postare

È bene far capire a mamma e papà che sei disponibile a parlare anche di quelle realtà, come la sessualità, che invadono la Rete e che in certe espressioni e manifestazioni possono darti fastidio, metterti a disagio, creare stati d'animo per niente sereni.
Insomma, disturbarti. Se vuoi davvero essere **social**, e non **dis-social**, prima di mettere un post, o un commento in chat, meglio parlare con i genitori, e chiedersi insieme: "Ma voi lo fareste? Secondo voi è bene che io faccia questo? Ci potrebbero essere brutte conseguenze per me, per voi?".

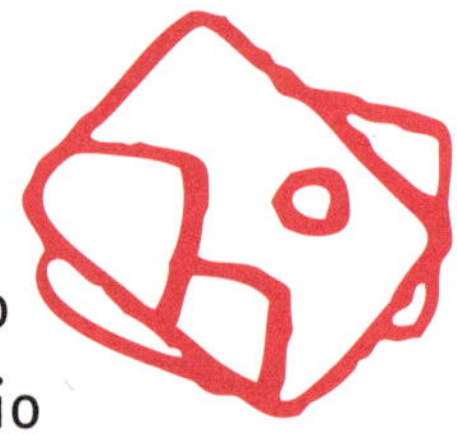

Ma soprattutto è importante che tu rivolga a te stesso questa domanda: "Sarei contento io se ricevessi da qualcuno lo stesso messaggio che sto per postare? Sarei contento io se ricevessi da un amico la foto che sto per mandare online nella chat del mio gruppo?". Se in qualche angolino della tua mente ti sta sorgendo qualche dubbio, anche piccolo, allora ti dico: fermati, non premere il tasto dell'invio e cancella tutto.
Sì, occorre sempre **pensare** prima di **postare**. E non scordare mai che tutto ciò che si mette in Rete è destinato a rimanere. Non c'è gomma in grado di cancellarlo.

Scheda n.7

MISURA LA TUA TEMPERATURA:

SOCIAL O DIS-SOCIAL?

Rendi partecipi solitamente i tuoi genitori quando navighi nella Rete? Parli con loro di quello che accade nelle chat e nell' web? Concordi con loro il tempo da dedicare all'web e ai videogiochi?
Scegli qui sotto il voto che ti vuoi dare, da 1 a 10.
I numeri più bassi (da 1 a 5, colori freddi) indicano che ti piace coinvolgere i tuoi genitori e li metti al corrente di ciò che incontri nella navigazione in Rete. Se scegli i numeri più alti (da 5 a 10, colori caldi) in genere non ti va di coinvolgere mamma e papà quando sei online.
Semmai, ti interessa solo che paghino i giga...

1	2	3	4	5	6	7	8	9	10

08

LA FOTO CHE VUOI POSTARE ti presenta nel modo che tu desideri?

Spesso, quando si usano le tecnologie, si dimentica un fatto. Fino alla **maggiore età** (18 anni) i genitori hanno la responsabilità su ciò che fai e su ciò che compi. E va ricordato che l'età minima necessaria per firmare un contratto con un operatore telefonico, per avere la SIM intestata, è ancora di 18 anni (come per qualsiasi altro contratto).

Se malauguratamente, nella Rete, ti dovesse capitare qualcosa di **brutto**, di cui tu sarai ritenuto responsabile, saranno i tuoi genitori a rispondere davanti alla **legge**. Saranno chiamati davanti agli agenti della **Polizia Postale** - come generalmente avviene per i reati commessi online - e dovranno farsi carico delle tue azioni. Ma attenzione: con le recenti normative, è perseguibile penalmente - ossia, può essere indagato e rischiare una condanna - anche chi ha **14 anni di età**.

Il ruolo dei genitori è fondamentale anche per un'altra questione. Sono sempre loro ad essere chiamati in causa per **autorizzare** la diffusione o condivisione, da parte di altri, di *fotografie* o **video** in cui ci sei tu. Infatti, nessuno può pubblicare e diffondere in Rete una fotografia, che ti ritrae, senza che sia stato chiesto il loro

permesso. E saranno sempre **entrambi i tuoi genitori**, a loro volta, a chiedere ai genitori di altri ragazzi - anche tuoi compagni di classe o amici - **l'autorizzazione** prima di postare foto o video in cui compaiono i propri figli. L'**uso su web** della tua immagine, e di quella degli altri, attraverso il cosiddetto "**photo sharing**", è una questione seria, di cui occorre parlare in famiglia e a scuola prima di fare passi falsi.

Prima di mettere foto online, fatti qualche domanda

Ormai si può parlare di **manie**. Come quella dei **selfie**, che spesso espone le persone a situazioni e scene assurde: come coloro che, sorridenti, si fanno l'autoscatto con alle spalle scene di incidenti stradali, persone ferite, paesi distrutti dal terremoto... Si postano foto a pieno ritmo, spesso senza pensare a che cosa si sta mandando in Rete, dove tutto è destinato a restare nel tempo.

Sento già che stai dicendo: "Ah sì, ma tanto posso sempre cancellare!". Certo, ma nel frattempo, quella foto, quel commento, quella reazione, sono stati visti da tanti "amici" e *follower*, che magari li hanno scaricati o ne hanno già fatto degli **screen shot**, che all'accorrenza potranno magari sempre essere usati. Anche contro di te. Se nell'uso delle foto ci sono forti rischi per la **privacy** degli adulti, ancora più, tali rischi, si presentano per i giovanissimi. Prima di condividere le tue foto in

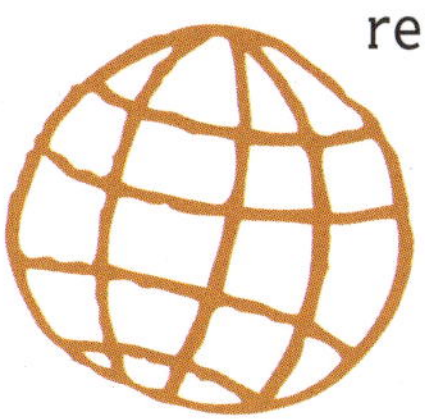

Rete, è bene che tu ti faccia qualche domanda, possibilmente insieme ai genitori. Ad esempio, puoi chiederti: "Che cosa voglio dire e comunicare con questa immagine che posto?", "La foto che voglio pubblicare online risponde ad una necessità in particolare?", "La foto che voglio postare mi presenta nel modo che io desidero?". E ancora: "Con la foto che posto potrei causare problemi agli altri?", "Con la foto che metto in Rete, visibile a tutti, mi presento in modo corretto?", "Questa foto potrebbe offendere la sensibilità degli altri e causarmi in futuro dei problemi?".

Quei sorridenti genitori che postano foto dei loro bimbetti...

Altro argomento delicato: la diffusione di fotografie dove compaiono altre persone, anche amiche, riprese in gesti e in atteggiamenti magari compiuti involontariamente e che nemmeno tu vorresti mai vedere in pubblico. Nessuno può diffondere foto di altri a loro *insaputa*. Lo stesso vale anche per le conversazioni private registrate su smartphone: **è reato**. E nessuno può prendersi la libertà di accompagnare tali fotografie con commenti cattivi, insulti, minacce o frasi offensive. Anche questo è **cyberbullismo**.

Spesso genitori sorridenti condividono sui social, con estrema leggerezza, fotografie dei propri bambini. Certo, può essere un modo per mostrare pubblicamente "i cocchi di mamma e di papà". Ma gli stessi ragazzini, già a nove-dieci anni, mal sopportano l'idea che i genitori continuino ad "esibirli" sui **social**, nelle **fotogallerie di famiglia**. Negli incontri con gli alunni, ho raccolto, in proposito - e a ragione - molte lamentele.

È bene sapere che i social - ai quali abbiamo ceduto il consenso della nostra iscrizione - si appropriano del diritto di usare tali immagini, anche a **scopo commerciale**. Senza poi considerare ciò che si diceva poche righe più su. Una foto in Rete può comunque essere "salvata", scaricata ed utilizzata da tutti. Anche dai cosiddetti "male intenzionati".

Sai cosa trova la Polizia Postale nei **data-base** dei pc di persone arrestate per pedofilia? Centinaia di migliaia di fotografie scaricate dall'web. Mostrano bambini e bambine - magari in costume da bagno, in riva al mare - innocentemente ripresi dai loro genitori, in vena di fare i talent scout, con l'obiettivo dichiarato di raccogliere una cascata di "**I like**".

Purtroppo, per leggerezza - e anche per non avere impostato nel proprio profilo i livelli massimi di privacy - quei ritratti sono finiti sotto gli occhi di persone che non vorremmo che i nostri figli incrociassero nella vita. Mai.

MISURA LA TUA TEMPERATURA:

SOCIAL O DIS-SOCIAL?

Ti è mai capitato di condividere tue foto personali nella Rete? Ti sei chiesto se fosse il caso di postarle? Sai che prima di mettere on line, anche nelle chat, foto di tuoi compagni, devi avere il permesso dei loro genitori?

Il voto scelto tra i numeri più bassi (da 1 a 5, colori freddi) indica che solitamente fai molta attenzione alla condivisione di foto in Rete. Se scegli un voto tra i numeri più alti (da 5 a 10, colori caldi) ammetti che non ti è molto chiaro il problema della condivisione su web delle foto, sia quelle che ritraggono te e sia quelle che riguardano i tuoi amici.
Ti suggeriamo di rileggere il capitolo n.8.

1	2	3	4	5	6	7	8	9	10

MA HO L'ETÀ
per i social e per le chat?

Siamo **social** o **dis-social**? Penso che tu conosca già la risposta: dipende sempre dal **modo** con cui si usa il mezzo. Non c'è dubbio che le reti sociali abbiano rappresentato una rivoluzione nel sistema della comunicazione mondiale. È un fenomeno cresciuto ad una velocità sconcertante, coinvolgendo miliardi di utenti. Il movimento delle idee, delle immagini, dei fatti, delle news, delle *fake news* - e purtroppo dei peggiori atteggiamenti della gente - è continuo, insistente, forse inarrestabile.

Basta scorrere la lista dei commenti - sia in un sito di news come sui profili di gruppi e singoli utenti - per vedere come spesso una notizia smuova migliaia di reazioni spropositate, accenda polemiche esagerate, scateni ondate di parole offensive. Noi adulti non ci facciamo una bella figura. Ci mostriamo con il volto degli analfabeti digitali e dei **cyberbulli**: prepotenti, aggressivi, violenti.

Un grande scrittore e filosofo, Umberto Eco, impressionato da tutto questo mondo web in **subbuglio**, arrivò a dire una provocazione che è già entrata nella storia: "I social media danno diritto di parola a **legioni di imbecilli** che prima venivano subito messi a tacere, ora hanno lo stesso *diritto di parola* di un Nobel".

Parole forti e dure, che possiamo prendere come spunto per riflettere sul fatto che, effettivamente, qualcosa è sfuggito di mano, nel gran marasma della **pazza folla** dell'web, dove con grande facilità ci si **sfoga** nel dire di tutto, spesso contro tutti e contro tutto, senza verificare, controllare, accertare e pensare. E dimenticando le elementari regole della grammatica e dell'ortografia...

Tieni presente che Facebook, Instagram, Twitter e YouTube ci portano sui piccoli schermi il mondo "in diretta", **senza filtri**, così com'è, nel **bene** e nel **male**, nel bello e nel brutto, senza chiedersi se ciò può arrecare danno alla vita delle persone. Senza chiedersi se c'è del vero e del falso.
Senza nemmeno offrire una protezione, soprattutto ai minori, da chi sparge informazioni non vere. Ora tentano di mettere argini, ma ormai il fiume è in piena.

Niente "social" fino a quanti anni?

Le nuove normative europee (entrate in vigore il 25 maggio 2018) hanno fissato modalità e limiti per l'accesso alla Rete, e ai social, da parte dei minori. La protezione dei dati personali e della **privacy** dei più giovani è una questione rilevante.
Si parla infatti di "**diritti rafforzati**" rispetto a quelli degli adulti. In Italia e in Europa, prima del maggio 2018, i principali social network prevedevano **13 anni** come *età minima* valida

per iscriversi, anche per il fatto che le principali piattaforme online, essendo americane, applicavano il limite fissato dalla legge federale Usa, che è appunto di 13 anni.

Il nuovo regolamento europeo (GDPR) ha stabilito il divieto di offrire servizi digitali - quindi, l'iscrizione ai social network e ai servizi di messaggistica - ai minori di **16 anni** (a meno che non ci sia il consenso dei genitori). Tale limite poteva essere ulteriormente abbassato dagli Stati nazionali, ma senza scendere al di sotto dei 13 anni. In Italia è stato fissato a **14 anni** (agosto 2018) che è poi l'età in cui un ragazzo può già essere perseguito dalla legge.

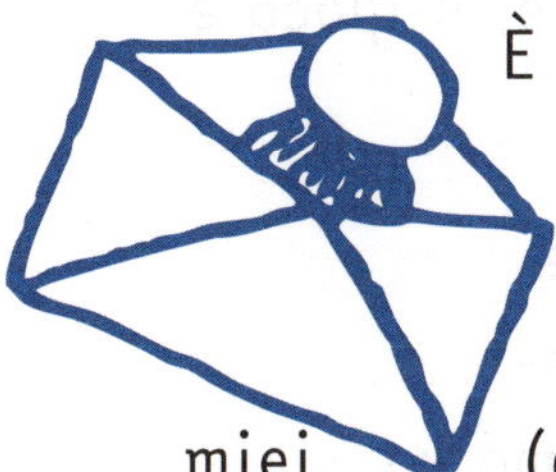

È una decisione che, rispetto all'Europa, anticipa di due anni l'età del "**consenso al digitale**". Ma posso immaginare la tua reazione: "Ma come, ho sempre avuto WhatsApp sul mio cell! Me l'avevano installato i miei (genitori) quando avevo 9 anni! E poi ho già pure Instagram! Certo, non ho ancora compiuto i 14 anni, ma che ne so di questi regolamenti? E ora che faccio? Mica è giusto, no?".
Il tuo è un commento che comprendo e che capisco.

È lo stesso che, in questi anni, mi sono sentito dire anche da tanti altri allievi quando **osavo** far notare che per usare WhatsApp e i social occorreva avere l'età, che partiva sempre da un **minimo di 13 anni**.

Su questi aspetti ho incontrato sempre tantissima **disinformazione,** accompagnata dal commento: "Non lo sapevo!".

Minorenni "fuorilegge" nei territori dell'web

La realtà di Internet è sempre stata affrontata con tanta faciloneria. Gli adulti, spesse volte, nel consegnare potenti smartphone a ragazzi di otto-nove anni, non si sono mai posti tante domande. Anzi - come mi è stato raccontato durante gli incontri nelle scuole - certi papà davano ai propri figli delle "dritte"... spettacolari (si fa per dire) per poter aggirare l'ostacolo dell'età al momento dell'iscrizione a YouTube... "Fai così: invece di mettere che sei nato nel 2007, metti la data del 2001, così ti lasciano entrare, il gioco è presto fatto, così puoi vedere i tuoi Youtubers ...".

Sì, la **falsificazione** dei dati personali - che è un reato - è un altro aspetto della facilità con cui si possono violare le maglie larghe della Rete: in Italia abbiamo un **esercito del selfie**, ma anche di **minorenni fuorilegge**. Cavalcano nei territori dell'web, favoriti ovviamente dalla scarsa sensibilità degli adulti. È prevedibile che le normative europee (ed italiane) provochino un po' di sana agitazione. Anche perché hanno creato una situazione particolare. Di fatto, tutti i giovanissimi utenti che **non rientrano nei limiti di età stabiliti**, rischierebbero di essere... cacciati dai **social**, se non "coperti" da

una autorizzazione dei loro genitori o da un tutore.
Il mondo dei social si è ovviamente subito messo in movimento. Ha cercato di adeguarsi alle nuove norme. Ma non è ancora chiaro come intendano risolvere il problema fondamentale: il **controllo dell'età degli utenti**. È probabile che si limiteranno a domandarla, aprendo così la strada ad una pioggia di bugie e a una marea di **fake account**, di profili falsi, che purtroppo stanno già devastando la Rete.

La questione dell'accesso ai social e alle app chiama in causa il senso di responsabilità di ogni ragazzo, la sua serietà e il suo modo di stare bene nella Rete. Con l'affiancamento dei familiari. Penso sarai d'accordo anche tu su una domanda che ogni genitore dovrebbe farsi: è il caso di dare al proprio figlio - che per legge non ha ancora l'età per i social - uno smartphone che ha tutto, ma proprio tutto, inclusi servizi di messaggistica che prevedono precisi limiti di età?

MISURA LA TUA TEMPERATURA:

SOCIAL O DIS-SOCIAL?

Lo sai che, per effetto delle normative europee, alle quali l'Italia si è adeguata con una propria decisione nazionale, occorre avere 14 anni per poter essere iscritto ai social e ai servizi di messaggistica istantanea come le chat (la legge europea ne prevede 16)? Eri al corrente che prima, per essere su Instagram, o su altri social, occorreva comunque avere 13 anni di età? Non ti sei mai informato, anche parlando con i genitori, sui limiti di età per accedere alle varie app su web?

Il voto scelto tra i numeri più bassi (da 1 a 5, colori freddi) indica che sei (ed eri) al corrente dei limiti di età per essere iscritto ai social. Se scegli un voto tra i numeri più alti (da 5 a 10, colori caldi) ammetti che non ti sei mai interessato più di tanto alla questione dei limiti di età per stare sui social e che proprio non sapevi che ora, per stare su WhatsApp, il limite minimo di età è 14 anni.

1 2 3 4 5 6 7 8 9 10

10

BULLI E CYBERBULLI TEMONO
un solo nemico: il nostro coraggio

Incontro con duecento alunni di scuola primaria in una grande città del Nord. Si discute di WhatsApp, delle chat e di cyberbullismo. Ascoltano con grande attenzione. Una ragazzina di quinta alza la mano. Le dò la parola. Racconta di ciò che le era capitato qualche mese prima. Sul cellulare, nella chat del gruppo scuola, aveva trovato una brutta frase: "Laura sei grassa". Tre parole che la colpirono e ferirono profondamente. Provò vergogna, smarrimento e disagio. Qualcuno - con quella frase - l'aveva esposta al ridicolo dell'intera classe e dei suoi amici.

Era scoppiata a piangere e si era rinchiusa nella sua cameretta. I genitori avevano subito capito che doveva essere avvenuto qualcosa di insolito e di grave. Con calma, si fecero raccontare ciò che era accaduto. Laura era a terra. Non voleva più tornare a scuola. Non se la sentiva di affrontare compagni e compagne di classe. I genitori - e lei - si armarono di coraggio. Parlarono con il dirigente scolastico e con i professori.

La situazione venne subito chiarita e risolta, anche attraverso incontri con la classe e con i genitori degli alunni. L'autore del messaggio venne sospeso per qualche giorno. Laura perdonò, pubblicamente. L'episodio provocò una bella discussione. Vennero svolti compiti e verifiche. Passò la **presa di coscienza** che sull' web **non esiste** lo *scherzo*, che le parole vanno sempre pesate e misurate e che il rispetto non deve mai venire meno. Come puoi ben capire, la classe di Laura aveva toccato con mano uno dei più gravi fenomeni che chat e social hanno trascinato nella comunicazione digitale. Il **cyberbullismo**. Certo, non era stato un episodio che aveva fatto parlare giornali e telegiornali... Ma come puoi immaginare, anche il **piccolo episodio**, quello di cui non si parla, è sempre vissuto con *grandissimo* disagio e sofferenza dalle vittime dei bulli. E non potremo mai capire quanto **dolore** provochi nell'**animo** e nella *vita* degli altri.

Al cyberbullo piacciono i "gruppi classe" delle chat

Cyberbullismo è la definizione, applicata all'uso dei dispositivi tecnologici, di quelle azioni - severamente punite dalla legge - indicate come scherzi, offese, derisioni, prese in giro, minacce, ricatti, violenze e molestie. La Rete ha reso ancora più preoccupante e diffusa l'odiosa realtà dei "bulli".

Il bullismo via Internet ha una forza **esplosiva**: è sempre visibile, 24 ore su 24, espone le vittime alla vista di un pubblico ampio - magari suscitando penosi commenti - e causa stati d'animo di forte **disagio e sofferenza**. Bullismo e cyberbullismo hanno come ber-

saglio ragazze e ragazzi apparentemente timidi, spesso fisicamente fragili, in genere ritenuti indifesi e tranquilli. Sono spesso sotto tiro per le caratteristiche del loro corpo, come accaduto appunto a Laura. Gli episodi avvengono soprattutto nei "**gruppi classe**" di Whatsapp, ai quali genitori e insegnanti non hanno accesso.
Non so se lo sai, ma il cyberbullismo può provocare gravi conseguenze sulla vita delle persone e sul loro benessere psicofisico. C'è chi arriva a farsi del male e, spesso, lo fa fino ai gesti estremi. C'è chi vive momenti di depressione. E le vittime si porteranno dietro per anni, forse per tutta la vita, brutti ricordi e ferite.

È importante che i ragazzi - anche e soprattutto coloro che fanno gli "**spettatori**" - segnalino ai genitori e ai docenti ogni episodio di cyberbullismo sulle chat e sui social. Ciò evita loro di rendersi complici di un reato punito dalla legge. Un'indagine (Fonte: *EU Kids Online, MIUR, Parole O-Stili, 2018*) dice che il **58%** di chi ha tra gli 11 e i 17 anni non difende le vittime quando legge su web messaggi di odio e offese. Non è triste tutto questo?

Ricorda anche ai tuoi familiari che gli atti illeciti commessi dal figlio minorenne, capace di intendere e di volere, rientrano nella **responsabilità civile** dei genitori. Non vigilare, non prevenire e non correggere comportamenti scorretti è una violazione dei doveri di chi esercita la "*potestà genitoriale*".

E, come abbiamo detto, dai 14 anni in su un ragazzo rischia anche il carcere, se colpevole di reato.

Cosa prevede la legge contro bullismo e cyberbullismo

Il bullismo è un reato punito dalla legge che, oltre alle sanzioni, prevede un piano di protezione a tutela dei minori vittima di bulli e cyberbulli e interventi di carattere educativo e di prevenzione del

fenomeno. La normativa, approvata nell'aprile 2017, oltre alla possibilità di denunciare il cyberbullismo a Telefono Azzurro, alle forze dell'ordine, alla Polizia Postale, consente di chiedere la rimozione dai social network dei contenuti considerati offensivi. Nel caso quest'ultimi non vengano cancellati, la richiesta può essere rivolta al Garante della Privacy, che interverrà in 48 ore.

Anche gli insegnanti incorrono in una multa (da 30 a 516 euro) se non denunciano, o tardano a farlo, un episodio di cyberbullismo di cui sono venuti a conoscenza. La legge prevede l'istituzione di un docente referente per i fenomeni di bullismo, di uno sportello di ascolto, di progetti di **peer education** (educazione alla pari) attraverso i quali scambiarsi esperienze.

Sarà interessante, anche nella tua classe, discutere di questi temi. E comprendere che il bullo - con i suoi gesti di aggressività, violenza prepotenza nei riguardi delle vittime: i tuoi compagni - crede di di-

mostrare la propria personalità e il proprio carattere.
Facendo questo si rivela invece per quel che è: un insicuro, un debole, un timido ed un frustrato. Va aiutato. E la forza della tua intelligenza può essere decisiva.

Capitò così anche al compagno di classe di Laura. Forse non credeva che lei avrebbe avuto la capacità di reagire (i bulli la pensano proprio allo stesso modo). Ma lei capì che doveva confidarsi con i genitori e raccontare tutto. Sì, fu la bella lezione di vita di una ragazzina forte e coraggiosa, che aveva saputo dire no a parole di bullismo perché, in fondo, era felice di essere come era: comunque straordinariamente unica. Come tutti.

Scheda n.10

MISURA LA TUA TEMPERATURA:

SOCIAL O DIS-SOCIAL?

Mantieni sempre un atteggiamento corretto e rispettoso nei confronti dei tuoi amici e dei tuoi compagni di scuola? Sai che su Internet non esiste la parola "scherzo" e che tutto ciò che posti - commenti negativi, insulti, minacce, bufale, derisioni, frasi offensive - rimane per sempre e ti espone a seri rischi? Hai sentito parlare della legge contro il bullismo e il cyberbullismo? Il voto scelto tra i numeri più bassi (da 1 a 5, colori freddi) indica che sei un ragazzo responsabile. Conosci le regole fondamentali per vivere con gli altri e per stare sulla Rete in modo rispettoso e corretto. Se scegli un voto tra i numeri più alti (da 5 a 10, colori caldi) ammetti che alcune volte ti trovi un po' di difficoltà nel rispettare gli altri. A volte sei anche tentato di fare qualche "scherzo" online. Forse sarà il caso di approfondire, in classe o con i tuoi genitori, che cosa prevede la legge contro i bulli e i cyberbulli.

1	2	3	4	5	6	7	8	9	10

QUANTA ENERGIA ELETTROMAGNETICA ti porti addosso?

"Chi di voi sa che cosa è il TAS o il SAR?". Trecento, forse quattrocento, occhi mi guardano con aria stupita, come per dire: "Ehi, amico, ma che ci stai dicendo?". Ripeto la domanda. Nessuno leva in alto la mano e nessuno si alza dalla sedia per dare la risposta. Succede solitamente così negli incontri con le classi di tutta Italia. TAS o SAR sono due sigle sconosciute. Tra i ragazzi, ma anche tra gli adulti. Eppure - visto che siamo utilizzatori quasi a tempo pieno di cellulari - dovremmo conoscerle. La Rete, anche in questo caso, ci può servire. Ossia: scoprire e capire meglio il dispositivo che teniamo tra le mani, in tasca, nella giacca, sul tavolo o - cosa da non fare mai, per carità! - sotto il cuscino quando si dorme...

TAS è l'acronimo di Tasso di Assorbimento Specifico. SAR è la corrispondente definizione in inglese di Specific Absorption Rate. E se, sveglio come sei, sei già andato su Internet a controllare, avrai già visto che queste sigle esprimono la misura della percentuale di energia elettromagnetica assorbita dal corpo umano quando è a contatto con un campo elettromagnetico a radiofrequenza (RF), come è appunto quello emesso dai telefonini.

Dunque, avrai già capito che tutto questo è un affare molto **serio**. Riguarda la tua e la nostra salute.

Sì, è bene conoscere che **cosa è** un cellulare.
Non è solo lo strumento che ti porta il mondo sul palmo della mano, ma è anche un dispositivo che emette e riceve onde radio ad **alta frequenza** (microonde da 900 MHz a 2200 MHz) collegate ad una Rete di stazioni-radio.

"Il piu' grande esperimento biologico di sempre"

Sì, attraverso l'uso del cell, ci portiamo dietro e addosso una fonte continua di energia elettromagnetica, già da anni al centro di studi e ricerche sui possibili effetti sul corpo umano. Abbiamo costantemente con noi trasmettitori di microonde ad **alta potenza**.
E spesso non ne abbiamo coscienza e conoscenza. Tanto che un neuro-oncologo svedese, Leif Salford, ha definito tutto questo come "il più grande esperimento biologico di sempre".

Siamo tutti come delle cavie? Oggetti e soggetti di un grande test a livello mondiale? La ricerca scientifica non è stata finora in grado di stabilire, almeno ufficialmente, quale sia un affidabile "livello di sicurezza" nell'ambito dei dispositivi elettronici. E se questi provochino tumori.
Le indagini, dicono, sono in corso e hanno ancora bisogno di tempo. Ma un fatto ormai non può più essere contestato: le radiazioni elettromagnetiche causano comunque un impatto sugli esseri viventi. Lo dicono ricerche e documenti pubblicati da istituzioni come l'Unione

Europea e l'Organizzazione mondiale della Sanità. Secondo gli studi, sono soprattutto ragazzi, adolescenti e giovanissimi i più vulnerabili rispetto al rischio di tumore all'orecchio e al cervello, proprio perché questo organo continua a svilupparsi fino attorno ai 20 anni di età (Fonte: "*Late Lessons from Early Warnings, 2*").

Per essere **social,** inteso nel suo senso positivo, occorre anche conoscere aspetti che riguardano lo "stare bene" in relazione all'uso di un dispositivo elettronico. Ricorda: più il TAS è ridotto, meno radiazioni sono emesse dal cell. Ciò vuol dire un minore riscaldamento dei tessuti e dunque un potenziale minore rischio per la salute. Un consiglio: prima di acquistare un nuovo telefonino, verifica su Internet, o dal rivenditore di fiducia, il "tasso" di emissioni radio del modello prescelto. Una normativa europea dispone, per i cellulari ed altri dispositivi portatili, un limite ben preciso: il livello del TAS/SAR non deve superare i **2 watt per chilogrammo (W/Kg)** rispetto a 10 grammi di tessuto corporeo.

Ecco come controllare i livelli radio del cell

Per gli smartphone, i produttori sono tenuti a specificare per ogni modello due valori TAS/SAR: uno per quanto riguarda la testa (quando il dispositivo viene portato all'orecchio) e uno per il resto del corpo. Sulla Rete puoi trovare siti dove è facile consultare le tabelle aggiornate dei modelli di telefonini e i relativi livelli di con-

centrazione radio. Te ne segnalo uno: **http://www.bfs.de/**.
Con una semplice operazione, potrai mettere a confronto i vari modelli e ciò contribuirà a renderti più consapevole del fatto che il telefonino **non è un giocattolo**.
Non so se lo sai, ma nei circuiti interni del cellulare vi sono piccole particelle radioattive di coltan, termine che si riferisce alla **columbite-tantalite**, minerale che contiene uranio. Si trova nelle miniere dell'Africa - soprattutto in Congo - ed è al centro di un mega affare economico. Nei microchip di nuovissima generazione, il coltan serve ad ottimizzare il consumo di energia elettrica. È indispensabile nella produzione dei dispositivi elettronici, smartphone compresi.

Ma c'è anche una drammatica realtà dietro il coltan: lo sfruttamento degli esseri umani - soprattutto bambini - che, spesso sotto la minaccia delle armi, vengono mandati nelle miniere a raccogliere il minerale. Una "piaga" vergognosa e scandalosa. Dopo anni di silenzio, si comincia finalmente a parlare di uno degli aspetti più **tristi, feroci e paradossali** dell'altra faccia della tecnologia. Per far funzionare i nostri smartphone, migliaia di giovanissimi perdono la vita, nell'inferno delle miniere africane, travolti dal crollo delle gallerie sotterranee o straziati dalle conseguenze della contaminazione radioattiva. Sì, nel grande mercato tecnologico, le prime cavie sono proprio loro.

Scheda n.11

MISURA LA TUA TEMPERATURA:

SOCIAL O DIS-SOCIAL?

Non ti sei mai chiesto come è fatto e costruito lo smartphone che tieni tra le mani ogni giorno? Non hai mai sentito parlare di due sigle, TAS o SAR, che indicano il campo elettromagnetico a radiofrequenza (RF) emesso dai telefonini?
Sai che il cellulare non va mai tenuto sotto il cuscino quando dormi? Sei al corrente del fatto che puoi conoscere il livello di sicurezza del tuo cell? Il voto scelto tra i numeri più bassi (da 1 a 5, colori freddi) indica che ti sei già fatto domande sulle caratteristiche tecniche del cellulare e dunque sai che occorre usarlo con cautela, adottando comportamenti adeguati che ti garantiscano condizioni di sicurezza.
Se scegli un voto tra i numeri più alti (da 5 a 10, colori caldi) significa che non ti sei posto finora tante domande sul cellulare e sui suoi effetti nei confronti del corpo umano.

1	2	3	4	5	6	7	8	9	10

OCCHIO ALLA "LUCE BLU"!
E non è una battuta...

L'aula magna della scuola è strapiena. Gli occhi di centinaia di ragazzini sono fissi sullo schermo dove è proiettata una **slide**.
Si vede il disegno di un occhio, con le sue varie sezioni interne, collegate alle funzioni della vista, bene prezioso per tutti, soprattutto per i giovanissimi. Propongo un altro piccolo quiz. "Ragazzi, avete mai sentito parlare della cosiddetta **luce blu**?".

Attimo di smarrimento. Si ode un leggero brusio di commenti. Poi, fino ad esaurimento, arrivano le risposte più disparate, con grande uso di fantasia. Ma non ci siamo. Mi collego alla Rete e mostro sul grande schermo, notizie, dati e immagini. La **luce blu** è un'altra grande sconosciuta per chi fa uso di dispositivi tecnologici.
Eppure, **a ben guardare** – è proprio il caso di dirlo – i suoi effetti sono già tra noi. Sono ancora ricercatori scientifici ed esperti di salute a segnalarlo, spesso accolti dal disinteresse, dal menefreghismo o dalla rassegnazione, atteggiamenti tipici dei di**s-social**.

La luce blu fa parte dello spettro solare. In natura è diffusa dal sole e dai suoi raggi ultravioletti (detti UVA e UVB). È una presenza alla quale l'essere umano si è **adeguato** e si è adattato nel corso della sua evoluzione. C'è poi la **luce blu artificiale**, riprodotta dai led, dagli schermi degli smartphone, dei tablet e dei vi-

deogiochi. Gli esperti dicono che **emette radiazioni** fino al **30% in più** rispetto a quella diffusa naturalmente dal sole.
Ha una **lunghezza d'onda corta**, che trasporta maggior frequenza ed energia. Trapassa i vari strati del tessuto dell'occhio e va a schiantarsi sulla retina.

Studi e ricerche in materia hanno dimostrato che la lunga e continua esposizione alla **luce blu** dei dispositivi elettronici provoca *sfocatura*, riduzione di **contrasto**, **rossore** e **irritazione agli occhi**, **secchezza** - è il fenomeno della *dislacrimìa*: le lacrime vengono come prosciugate - **affaticamento** e *visione offuscata*, oltre a **mal di testa** e a disturbi del **sonno**, con alterazione del **ritmo sonno/veglia** (Fonte: *Sightsavers Italia Onlus*).

La retina e le molecole chimiche tossiche

La **luce blu** è stata messo sotto inchiesta anche in uno studio pubblicato (estate 2018) sulla rivista scientifica **Nature** e relativo ad una ricerca dell'Università di Toledo (Ohio, Usa). Provocherebbe danni oculari irreversibili, che nessun farmaco può curare, come la formazione di molecole chimiche **tossiche** per la retina, causa possibile della **maculopatia degenerativa senile**, malattia tipica delle persone molto anziane. Dice il rapporto che l'occhio umano non riesce ad opporre le sue normali difese naturali contro la luce blu, come la chiusura delle palpebre, il restringimento della pupilla, lo sguardo che si distoglie automaticamente. Colpita in continuazione, la retina rilascia *molecole chimiche tossiche* che uccidono le **cellule fotorecettrici**, che non si rigenerano mai più nell'occhio e "una volta morte sono morte per sempre".

Sento già la tua domanda: "Che fare allora?".
Innanzitutto - affermano i medici - va evitato di guardare i cellulari o i tablet **al buio**, di notte, cosa purtroppo che sta dilagando, e non solo tra i giovani e giovanissimi. Mai tenere gli occhi "incollati" allo schermo. Poi, ridurre l'esposizione prolungata e alternare **20 minuti** di visione con 20 minuti di riposo e rivolgere lo sguardo a **20 metri** di distanza per almeno **20 secondi**: suggerimento, questo, valido anche quando stai alla play station.

Ma hai attivato il filtro anti luce blu?

Se stiamo troppo davanti gli schermi, andrebbe indossato un bel paio di occhiali in grado di filtrare le radiazioni. E, da subito, ti suggerisco di attivare il filtro **anti luce blu** che si trova ormai su gran parte degli smartphone: accedi alle impostazioni e agisci. Come, non lo sapevi? Ora lo sai.
Occhio, dunque, alla luce blu! Non è una battuta. È un invito che arriva dai medici oculisti, che parlano anche di una forte tendenza mondiale alla diffusione di miopia, ossia la difficoltà nel vedere in distanza. Il 21% dei ragazzi tra 18 e i 25 anni sarebbe miope; si

prevede che la quota arriverà al **40%** nei prossimo decennio (Fonte: *Sightsavers Italia Onlus*).

Per contrastare gli effetti della luce blu, gli esperti suggeriscono di inserire nella dieta alimenti antiossidanti e ricchi di **pigmenti retinici** come carote, mais, limoni, banane, fragole, pomodori, peperoni gialli e rossi, pesche, angurie (ricchi di luteina).

La luce blu blocca la produzione di melatonina

Vale la pena segnalarti anche un risultato della sperimentazione condotta dall'Istituto di scienza e tecnologia dell'inquinamento luminoso di Thiene (Vicenza). La luce blu dei led **diminuisce** di ben *5 volte* la produzione di **melatonina**, l'ormone che regola il nostro "orologio biologico". Il blocco della produzione di melatonina - collegato alla regolazione dei cicli del riposo notturno - può causare insonnia e disturbi connessi. E se magari si somma il tempo passato sugli smartphone a quello trascorso davanti alla consolle della play - e dunque si passano ore e ore con gli occhi fissi sui dispositivi elettronici - possono succedere effetti poco piacevoli. Già diversi, anche in Italia, gli episodi di **epilessia fotosensibile**: hanno colpito giovani e giovanissimi che trascorrevano ore e ore ininterrottamente davanti ai display luminosi.

A proposito, leggi bene le "istruzioni d'uso" dei videogiochi. Vedrai che ti consigliano di **non stare più di 2-3 ore** a smanettare sui joystick. Fai in modo che i tuoi pomeriggi non si esauriscano nelle lunghe "sedute" trascorse a pochi centimetri dagli schermi, sottoponendo occhi e cervello ad uno stress "da sballo", ad inseguire immagini e scene violente di certi **games**.

Cura altri interessi, dalle attività sportive a quelle legate agli incontri con gli altri. Scegli videogiochi utili ed intelligenti: ci sono. E fa in modo che le ore trascorse su cell, tablet e consolle non rientrino mai nelle caratteristiche del "*gaming disorder*". Ossia, nella **dipendenza da videogiochi**, che l'Organizzazione mondiale della Sanità ha ormai classificato come una "malattia mentale".

Scheda n.12

MISURA LA TUA TEMPERATURA:

SOCIAL O DIS-SOCIAL?

Sei al corrente del fatto che i dispositivi elettronici - dallo smartphone al tablet – emettono la cosiddetta "luce blu"? Non ti sei mai informato sulle caratteristiche di questa luce artificiale che viaggia ad onde corte ed ha una "potenza" superiore del 30% rispetto alla luce solare? Sai che cosa provoca ai tuoi occhi una continua e prolungata esposizione alla luce blu?

Scegli qui sotto il tuo voto. Se lo scegli tra i numeri più bassi (da 1 a 5, colori freddi) vuol dire che ti sei già posto delle domande sugli effetti della luce blu e ne conosci l'esistenza. Se scegli un voto tra i numeri più alti (da 5 a 10, colori caldi) significa che non sei al corrente degli effetti della luce blu e non ne hai mai sentito parlare. Che ne dici, non sarà il caso di fare ricerche in proposito, anche in classe?

1	2	3	4	5	6	7	8	9	10

13

TI ASPETTA UN FUTURO, MA A... testa alta!

Conoscendo meglio questo (magnifico) oggetto che si chiama smartphone, e i suoi effetti, veniamo anche a capire quanto sia delicata e complessa la struttura del nostro corpo. Sono bastati pochi decenni - così dicono medici, neurologi, psichiatri, psicologi e scienziati - per dare il via al cambiamento del nostro fisico, sottoposto ad una "tempesta" elettronica di vario genere. Stiamo mutando ad una velocità mai avvenuta prima. Ci stiamo adattando ad un futuro che, forse, vedrà noi esseri umani sempre più **modificati** in funzione della tecnologia che ci porteremo addosso.

Gli stessi dispositivi "indossabili" - dagli orologi ai vestiti con rilevatori elettronici incorporati - non sono forse già un'anticipazione di quello che ci aspetta? E gli "**headset**" sulla *realtà aumentata* e su quella **virtuale**, da fissare davanti agli occhi, non saranno come delle protesi da applicare al viso mentre ce ne staremo in giro e a passeggio da soli?

Tutto ciò ci renderà più **social** o **dis-social**?
Qualcuno già parla di "involuzione della specie", simboleggiata da schiere di giovani piegati e incurvati sui loro smartphone. Sì, già con la gobba a 18-20 anni. Eppure, abbiamo faticato milioni di anni per riuscire a **camminare diritti**, a testa alta, raggiungen-

do lo stato di **persone sociali**. Non è forse grazie alla conquista della posizione eretta che abbiamo potuto **conoscere e ri-conoscere** l'altro e gli altri, guardandoli negli occhi?

Guardiamoci: siamo sempre più chini e a testa bassa sui cell, nella posizione tipica degli **smombie**, gli zombie dello smartphone. Non provi un po' di angoscia nel leggere la notizia - pubblicata dal New York Times - che in un anno in Cina sono morte per strada **68.000 persone** mentre erano intente a scrollare lo smartphone, **a testa china**, indifferenti a quanto accadeva intorno? Anche in Italia, nel nostro piccolo, certi numeri fanno pensare. Da noi si sta a testa in basso, sul telefonino, anche quando si è alla guida di un auto: è la causa di **3 incidenti stradali su 4**.
E crescono ovviamente le infrazioni: **ben 65.104** quelle rilevate nel 2017 (Fonte: *Polizia Stradale e Carabinieri*) per l'uso del cellulare mentre si è al volante.

Testa sempre abbassata, hai la gobba assicurata

La postura da **smombie** provoca conseguenze poco piacevoli alle nostre ossa. Stare 3 ore in media al giorno, con la testa china sullo smartphone, causa a lungo andare problemi alla **colonna vertebrale**. Gli osteopati (i medici che curano le articolazioni ossee) dicono che mantenere la **posizione curva in avanti** può provocare, nel tempo e nei casi più gravi, lesioni alla spina dorsale. C'è il rischio

concreto di sviluppare quella che qualcuno ha già scherzosamente chiamato la "**iGobba**"...È stato calcolato che la testa di una persona adulta pesa in media tra i **4,5 e i 5 chilogrammi**. Quando è inclinata in avanti di **60 gradi**, come avviene quando si "legge" lo smartphone, il collo è obbligato a sopportare un peso di **27 chilogrammi**. Ciò può causare l'inarcamento della schiena.
Stare curvi - posizione che non è più naturale per gli esseri umani - può provocare stati d'animo negativi, disagio, depressione, scarsa vitalità, isolamento. Le persone depresse tendono a inclinare il collo in avanti, a piegare le spalle e tenere le braccia verso il centro del corpo. Un esperimento dell'Università di Auckland (Nuova Zelanda) ha dimostrato che coloro che siedono *incurvati* manifestano di avere poca stima di sè, sono **impauriti** e **pessimisti**. Invece, chi sta in posizione eretta affronterebbe meglio stress e difficoltà.

2 ragazzi su 3 non sanno piu' fare capriole

Dunque, sempre a **testa alta**. Un consiglio: non permettere mai che l'abuso del telefonino possa stravolgere la bellezza e la vivacità dei tuoi giovani anni. Qui c'è in ballo il tuo futuro. Ed in gioco ci sei tu. Appunto: il gioco, non il videogioco.

Non so se conosci i risultati di una indagine dalla quale sarebbe emerso che 2 ragazzi su 3 non sanno più fare una *capriola*. Bambini e adolescenti sarebbero destinati ad avere sempre meno capacità ed abilità di movimento? Una risposta arriva da uno studio dell'Istituto regionale ricerca educativa del Lazio. È stato stimato che a partire dal 2005 - è proprio in quella data che prese il via la grande rivoluzione dei social network - le qualità aerobiche (la capacità di resistenza fisica) di un adolescente italiano stiano calando dell'1 per cento l'anno. Tanti ragazzi non si muovono più, tranne quando devono raggiungere di fretta il negozio di telefonia per farsi una ricarica di giga... Risultato: il livello di **mineralizzazione delle ossa** si sta abbassando, la muscolatura è sempre meno tonica, non sopportano sforzi, manifestano segni di stanchezza quando devono stare in piedi, a scuola sono soggetti con estrema facilità ad infortuni. Sì, teenagers che hanno un **fisico da anziani**: così conclude la ricerca.

Altri dati confermano le tendenze **dis-social** in atto tra la Generazione Smombies. All'Istituto Tecnico Gobetti-De Gasperi di Morciano (Rimini) è attivo un Centro Capacità Motorie che sottopone migliaia di studenti ad una serie di test. I risultati si commentano da sé: **58** quindicenni su 100 hanno, nelle braccia, forza "insufficiente o scarsa", a **78** su 100 cedono le gambe, **68** su 100 vanno in crisi di resistenza fisica, **50** nella velocità e **47** nella coordinazione dei movimenti. E le cose sono destinate a peggiorare.

Prendi in mano il tempo della tua vita

Dunque, è questo ciò che attende gli umani nei prossimi anni? Sempre più a testa bassa? Sempre più gobbi? Sempre più incurvati sui display del cell? Non so se te la senti di mettere un **I like** su un futuro del genere. Penso che, pur con il tuo smartphone tra le mani, vorrai sempre essere una persona aperta, che sorride agli altri, che guarda negli occhi degli altri. **La sfida sta proprio qui.**

Prendi in mano non solo il cell, ma soprattutto il tempo della tua vita e delle tue giornate, senza disperdere ore ed ore nei lunghi silenzi delle chat e senza abbassare lo sguardo e la testa. Prendi in mano il tempo della tua vita e delle tue giornate, senza chiudere gli occhi davanti a ciò che ti circonda, alla natura, ai tuoi amici, ai tuoi genitori, al "vero" che ti gira attorno.

Prendi in mano il tempo della tua vita e delle tue giornate, e "sblocca" le orecchie e il cuore. Tornerai a sentire i suoni, i respiri e le risate di chi ti sta attorno. Perché anche loro, come te, non sono numeri (telefonici), non sono **nickname**, non sono "profili", ma esseri umani.

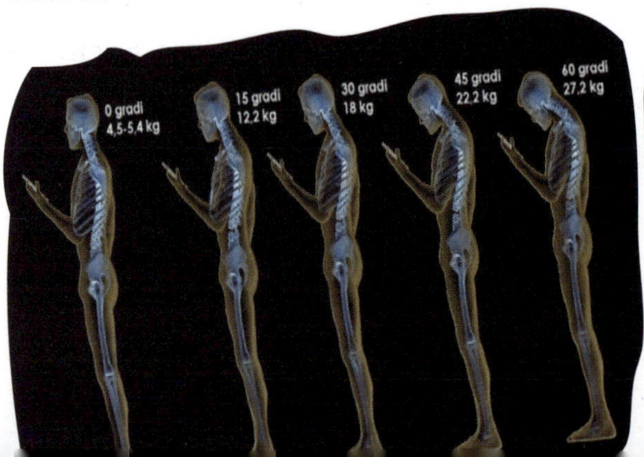

Scheda n.13

MISURA LA TUA TEMPERATURA:

SOCIAL O DIS-SOCIAL?

Pensi di essere anche tu uno "smombie" e un "iGobba", cioè uno che cammina per strada con la testa china sul cellulare, rischiando di andare a sbattere contro un palo o di inciampare in un marciapiede? Sei al corrente del fatto che, stare curvi sullo smartphone per troppo tempo, può portare anche a seri problemi alla spina dorsale? Anche tu sei tra quelli che non sanno più fare una capriola? Scegli qui sotto il voto che fa per te. Se lo scegli tra i numeri più bassi (da 1 a 5, colori freddi) vuol dire che hai cura del tuo sviluppo fisico e del tuo aspetto. Consideri il gioco e lo sport delle attività importanti, che un ragazzo non dovrebbe mai dimenticare, nemmeno se ha tra le mani l'ultimo modello di smartphone. Se scegli un voto tra i numeri più alti (da 5 a 10, colori caldi) significa che fai fatica a staccare gli occhi dal cell, perfino quando cammini per strada. Perché non torni ad essere "social" e non ti fai una bella corsetta all'aria aperta?

1	2	3	4	5	6	7	8	9	10

FAI LA SOMMA E MISURA: SEI SOCIAL O DIS-SOCIAL?

Numero scheda	Punteggio
Scheda n. 1	
Scheda n. 2	
Scheda n. 3	
Scheda n. 4	
Scheda n. 5	
Scheda n. 6	
Scheda n. 7	
Scheda n. 8	
Scheda n. 9	
Scheda n. 10	
Scheda n. 11	
Scheda n. 12	
Scheda n. 13	
TOTALE	

DA 13 A 52 PUNTI – Complimenti!
Ti sei meritato il titolo di **social**.
Sai gestire il tuo tempo, comprese le attività e i momenti collegati alla Rete.
Consideri Internet e i dispositivi elettronici degli strumenti importanti. Dunque, da utilizzare bene, come tu stai facendo.
E non ti pesa il fatto di rimanere senza il cellulare, anche per qualche ora.

DA 53 A 91 PUNTI – Bravo!
Ti sforzi giorno dopo giorno di utilizzare in modo adeguato la Rete e di essere **social** per davvero. Sì, qualche volta eccedi, soprattutto nel tempo dedicato a smartphone e videogiochi. Stai comunque migliorando e sei convinto che la Rete può essere una opportunità per imparare cose nuove. E va usata con equilibrio.

DA 92 A 130 PUNTI – Ahi! Ahi! Ahi!
Cellulare in mano, testa bassa sul display, trascorri in Rete ore ed ore, spesso vagando senza meta o chattando a lungo senza una precisa ragione.
Così non riesci più nemmeno a fare i compiti e lasci da parte attività sportive e momenti di incontro con gli amici.
Sì, così fanno i **dis-social**.
Hai però capito che è l'ora di darsi una regolata e pensare a gestire meglio il tempo da passare in Rete.